历史真好玩

遇见古罗马人

（英）詹姆斯·戴维斯（James Davies）/文图
李科/译　贾平平/译审

化学工业出版社
·北京·

图书在版编目（CIP）数据

遇见古罗马人 /（英）詹姆斯·戴维斯（James Davies）文图；李科译．—北京：化学工业出版社，2020.1（2024.6重印）

（历史真好玩）

书名原文：Meet the Ancient Romans

ISBN 978-7-122-35733-5

Ⅰ．①遇… Ⅱ．①詹… ②李… Ⅲ．①古罗马 - 历史 - 儿童读物 Ⅳ．① K126-49

中国版本图书馆 CIP 数据核字 (2019) 第 252655 号

First published in the UK in 2018 by Big Picture Press,
An imprint of Bonnier Books UK
The Plaza, 535 King's Road, London, SW10 0SZ

Designed by Helen Chapman
Edited by Joanna McInerney
Consultant: Rupert Matthews

北京市版权局著作权合同登记号：01-2018-8923

出 品 人：李岩松　　责任编辑：笪许燕　汪元元
版权编辑：金美英　　营销编辑：龚　娟　郑　芳
责任校对：刘　颖　　装帧设计：付卫强

出版发行：化学工业出版社（北京市东城区青年湖南街 13 号　邮政编码 100011）
印　　装：盛大（天津）印刷有限公司
889mm × 1194mm　1/20　印张4　字数　50千字　2024年 6 月北京第 1 版第 7 次印刷

购书咨询：010-64518888　　售后服务：010-64518899
网　　址：http://www.cip.com.cn
凡购买本书，如有缺损质量问题，本社销售中心负责调换。

定　　价：40.00 元

目录

罗马帝国起源于古罗马！它曾经是世界上最大的帝国之一。在近500年的时间里，欧洲大部分地区都处在罗马帝国的统治之下。古罗马的皇帝们为了扩张帝国的版图，带领着强大的军队到处打仗。

古罗马人不仅给我们留下了运河和宽敞平坦的大路，还留下了斗兽场、浴场和购物中心等遗产。是什么让古罗马如此强大？什么是角斗士？为什么古罗马人都穿凉鞋？下面就让我们从头说起。

关于罗马城的起源，罗马人有一个神话传说。这个传说是这样的：

1. 罗慕路斯和雷姆斯是战神马尔斯的两个儿子，在他们小的时候，邪恶的叔叔把他们扔到了台伯河里，想淹死他们。

2. 幸运的是，有一只母狼救了他们，并保护他们长大成人。

3. 兄弟二人长大以后，决心复仇，杀死了邪恶的叔叔。

4. 报仇以后，兄弟二人决定建一座新的城市，但在选址问题上，两人出现了分歧。

5. 于是他们祈求神的启示，看谁的决定更正确，但是没有收到回音。

6. 两人一直争论不休。有一天，雷姆斯嘲笑了罗慕路斯，于是两人打了起来。

7. 最后雷姆斯被打死，于是罗慕路斯按照自己的想法建了一座新城，在那里能够看到台伯河。罗慕路斯以自己的名字命名了这座城市。可怜的雷姆斯！

最初，古罗马是由国王管理的。后来，古罗马采用了共和制，这就意味着，不能完全由一个人说了算，而是由一些贵族一起管理这个国家，做出重大决定。这些人被称为元老院议员。

议员们非常贪婪，想要得到更多的权力和金钱。于是他们不再想和其他的国家和平相处，干脆向他们开战。战争持续了几百年，这对古罗马人民来说可是一种灾难。

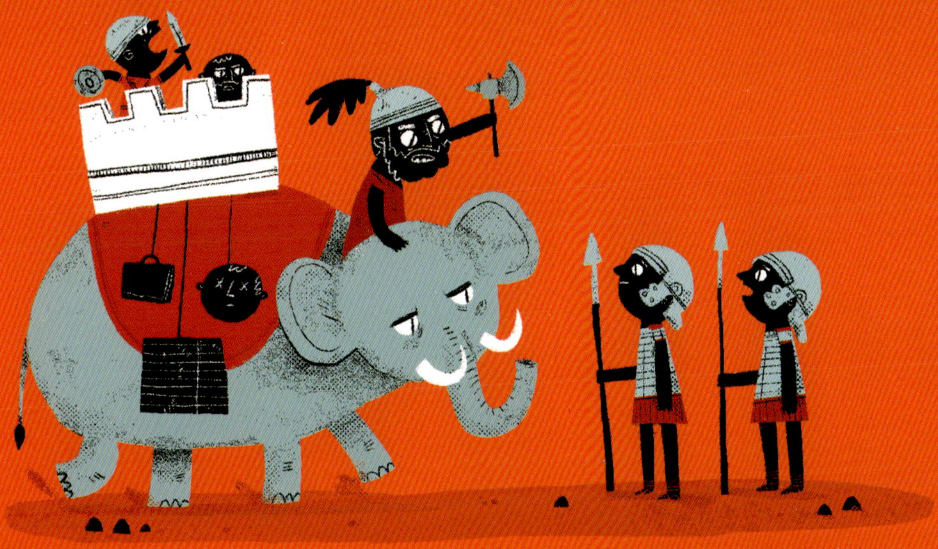

古罗马最大的敌人是位于北非的迦（jiā）太基。这两个国家之间的战争持续了100多年。公元前218年，英勇的迦太基将领汉尼拔带领一支强大的军队和37头战象进攻罗马。但是罗马人非常顽强，最终打败了迦太基人，并把迦太基夷为平地，幸存者都成了奴隶。

古罗马陆续把其他强大的国家都打败了，领土越来越大，也越来越有钱。虽然他们不断打胜仗，但那些议员之间却因为权力和金钱的分配而起了冲突，这将最终导致罗马共和国的衰落。

让古罗马恢复和平的唯一方式就是结束共和制，并选出一个人来管理国家，这个人被称为皇帝。皇帝统治着一切，控制政府，掌控军队和宗教。在接下来的500年里，罗马都由皇帝统治。

因为当时没有网络和电视，老百姓不知道皇帝长什么样，于是人们按照皇帝的画像雕刻了一些雕像，并制作了硬币。雕刻家会把雕像做得比皇帝本人漂亮，讨皇帝开心，祝福皇帝可以像雕像上那样永远年轻！

在罗马帝国的皇帝当中，有些很有名，其中有的很好，深受人民喜爱；有的很坏，被认为是暴君，或者疯子。

奥古斯都

（公元前 27 年—公元 14 年在位）

奥古斯都是古罗马的第一位皇帝。虽然他不太讨人喜欢，但他在经历了多次战争之后重建了罗马城，并组建了一支军队，让古罗马恢复了和平。他真的很了不起！

卡里古拉

（公元 37—41 年在位）

卡里古拉是一个残暴的皇帝，迷恋财富和权力。他曾经想让他的马去管理政府！最后就连他的侍卫都看不下去了，杀死了他。

克劳狄乌斯

（公元 41—54 年在位）

克劳狄乌斯是一个残疾人，走路和说话都很费劲。一开始人们并不看好他，但后来事实证明他是一位很有作为的皇帝，他扩大了帝国的疆域，并征服了不列颠。

你也许在想，尤利乌斯·恺撒大帝怎么没出现在下面的名单里呢？没错，恺撒的确是一个伟大的人物，但他并没有当皇帝。我们会在第 12 ~ 13 页介绍他。

尼禄

（公元 54－68 年在位）

尼禄想要做一个厉害
皇帝，但是他上台时，
多人认为他是疯子。公
64 年，一场大火烧毁
罗马城，他竟然无动于
。最后人们推翻了他的
治。

图拉真

（公元 98－117 年在位）

图拉真出生于西班牙，也是古罗马最成功的皇帝之一。在他统治期间，罗马达到了鼎盛时期。他被罗马元老院评为最优秀的皇帝！很了不起！

哈德良

（公元 117－138 年在位）

哈德良是位聪明的皇帝。他加强了帝国的防御工作，还在英格兰和苏格兰之间修建了巨大的防御工事，把北方的苏格兰人挡在外面。直到现在，你还能看到哈德良长城的一部分残迹呢！

尤利乌斯·恺撒是罗马历史上最著名的人物之一。威廉·莎士比亚甚至还专门为他写过一部戏剧！恺撒是一位杰出的军事领袖，并一心想成为皇帝，但是还没等愿望实现，他就被杀死了。我们之所以能记住恺撒，是因为以下几个原因：

1. 他是第一个把自己的肖像印到钱币上的人。很会引领潮流啊！

2. 我们今天用的日历是恺撒发明的。而七月的英文单词July就是来自恺撒的名字尤利乌斯（Julius）。

3. 恺撒喜欢炫耀，一些人因此不喜欢他。他跟一个名叫庞培的罗马将军战斗了两年。后来，埃及有一个名叫托勒密十三世的年轻法老把庞培杀死了，并把他的人头献给了恺撒。

4. 在埃及的时候，恺撒爱上了埃及艳后克里奥帕特拉。他帮她当上了法老，并和她生了一个孩子。

5. 公元前75年，恺撒被海盗抓住，他的朋友拿钱把他赎了出来。他获释以后，带着军队把海盗全都杀掉了。

6. 恺撒听从罗马人民的想法，不愿意和那些议员们同流合污。在他执政期间，他给罗马的穷苦人民分配了土地和工作。

7. 公元前45年，他宣布成为罗马的终身独裁官。不幸的是，到了第二年，他就被一群不希望看到他过于强大的人杀死了！太不幸了！

由皇帝领导的罗马军队是历史上最厉害的军队之一。这支军队由军团组成，每个军团大约有5500名英勇善战的士兵。

哎呀！我现在是什么官呢？

每个军团再分成小队。每队有80名士兵，队长被称为“百夫长”。

等等我！

我们还没到吗？已经走了好多天了！

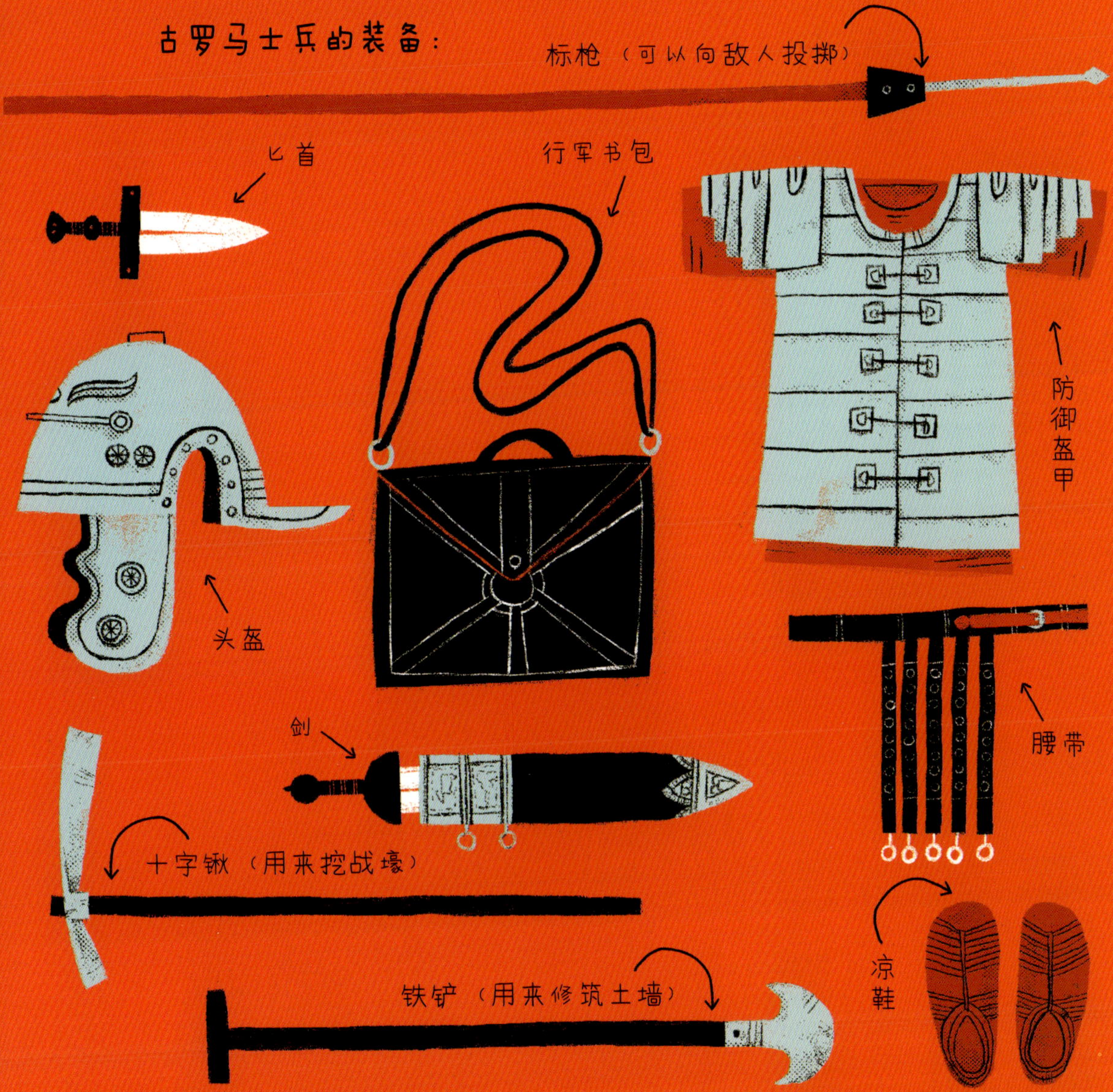
古罗马士兵的装备：
标枪（可以向敌人投掷）
匕首
行军书包
头盔
防御盔甲
剑
腰带
十字锹（用来挖战壕）
铁铲（用来修筑土墙）
凉鞋

军团士兵必须勇敢强壮。除了沉重的金属盔甲，他们每人还要背着40公斤重的装备，有时候每天要走30公里，这相当于背着一个狒狒横穿伦敦！

古罗马士兵很瘦，他们简直是性格冷酷的战争机器。他们能在吃晚饭前连续行军一整天，游过河流，冲进敌营。打完仗后，他们要搭建宿营地，并在周围挖上陷阱，摆满木锥。第二天，这一切都能重演一遍。

在军队里，士兵要绝对服从命令。任何把事情搞砸或者站岗时睡觉的人都要接受严厉的惩罚，甚至被处死。然而，即使这样，在军团当兵也比整日劳累又挣不到钱的农民好。

家庭对古罗马人来说是非常重要的。在家里男人说了算，控制着家里的一切。女人负责做家务、买东西、做饭和照顾孩子。分工很明确！

在古罗马人的家里，会经常看到跑来跑去的宠物。猫和狗都是孩子的玩伴，它们还能赶走偷粮食的老鼠。

有钱的大家族都有奴隶给他们干活。大多数奴隶生活得非常艰苦，但是有的奴隶也会得到很好的待遇，就像家里的一员。现在，我们都觉得奴隶制很不好，但当时古罗马非常依赖奴隶制。如果没有奴隶，从洗衣服这种小事到建造神庙，罗马人可能都干不好。

大多数古罗马人都住在用便宜木头和土坯砖建造的房子里。里面非常拥挤，没有自来水，而且一个卧室最多要住七个人。要是有人打呼噜可怎么办？火灾是时刻存在的危险，因此他们一般都在户外做饭。

有钱人的生活就好多了。他们住在别墅里，远离拥挤的城市，所有的工作都由仆人来做。他们有自来水，有供暖设施，还能冲厕所呢！不幸的是，那个时候还没有发明卫生纸，即使是有钱人也只能使用绑在木棍上的海绵擦屁股。感觉好恶心啊！

古罗马时期的衣服和我们现在的可不一样。他们没有运动鞋，也没有牛仔裤。那时的人们，不管男女都穿着宽松的羊毛袍子。因为一年四季都很热，所以他们都穿皮凉鞋。

为了看起来更帅气，男人会穿一种叫托加的长袍，其实就是一块很长的布，用来裹住身体。托加很重而且不舒服。要是那时候发明了衬衫就好了！

因为羊毛比较容易纺织，在家里就可以完成，所以古罗马人的大多数衣服都是用羊毛做的，就连内裤也是羊毛做的哦！

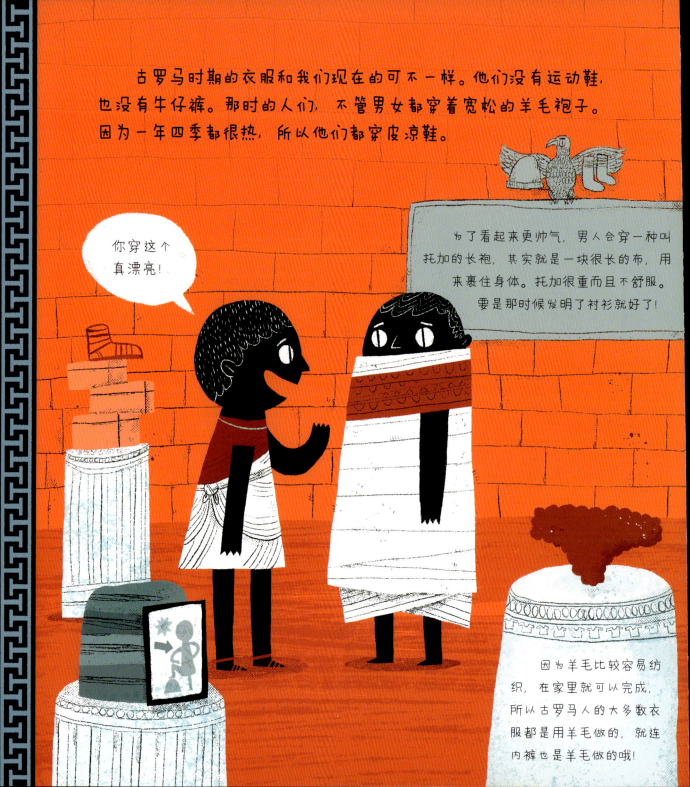

女人会佩戴很多珠宝来炫耀她们的财富。那个时候脸色苍白被认为是一种时尚，因此女人们会用粉笔或有毒的白铅粉擦脸！有些女人会用木头烧完的灰画眼线，用磨碎的红土粉做腮红。这可能是最糟糕的化妆品了！

只有有钱人才会送孩子去上学，而大多数的女孩，不管是有钱人家还是穷人家的，只能待在家里。如果男孩想学习，他们每周要上七天学。

北欧人真该感谢古罗马人！在古罗马人把拉丁文字传到北欧之前，他们没有留下任何文字记录，所有的东西只能靠记忆。可见，文字多么重要！

古罗马人把文字写在各种东西上，包括木头、莎草纸和石头。那时候还没有纸！书也非常稀有非常昂贵，因为每个字都需要手写！

古罗马人使用的数字跟我们的不一样。他们用大写字母进行计数和加减法运算。对我们来说，这种方法太复杂了！

他们使用的字母分别代表这些数：

I	V	X	L	C	D	M
1	5	10	50	100	500	1000

这些字母可以相互组合，形成更多的数，例如：

I = 1	II = 2	III = 3	IV = 4	V = 5
VI = 6	VII = 7	VIII = 8	IX = 9	X = 10

是不是有点糊涂了？字母组合相当于加减法算式，运算法则是，如果代表小数的字母位于大数字母之后，就表示这几个数相加；如果小数字母位于大数字母之前，就表示用大数减小数。相同字母组合在一起，也表示相加。比如：

XI 相当于 X+I，也就是 10+1=11

IX 相当于 X-I，也就是 10-1=9

II 相当于 I+I，也就是 1+1=2

看得头晕！还是吃点东西吧！

哦！还是算了吧。

农业是古罗马文明重要的组成部分，男人、女人和孩子们要在高温下忙着收庄稼。他们还种植橄榄和葡萄，用来酿酒；饲养奶牛和山羊，用来产奶、制作奶酪；还要养蜜蜂，用来采集蜂蜜。

古罗马人吃饭时并不是坐在桌旁，而是随意地躺在床上，用手抓饭吃。太舒服了！很多食物应该跟我们今天吃的味道差不多，比如香肠。但是有一些食物听起来就没什么吸引力了，比如蘸着蜂蜜的牛脑子或榛睡鼠。谁想尝一下？

那个时候的粮食是很贵的，古罗马人可以用富余的粮食进行交易。粮食和香料被运送到全国各地，甚至国外，换回一些他们不能自己生产的东西，比如中国的丝绸和埃及的莎草纸。

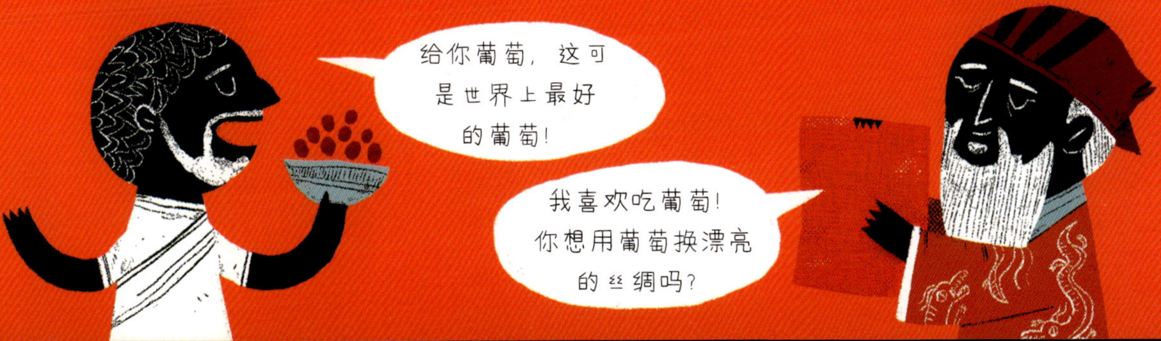
给你葡萄，这可是世界上最好的葡萄！
我喜欢吃葡萄！你想用葡萄换漂亮的丝绸吗？

古罗马人非常聪明，在科技方面取得了很大进步。他们的一些发明直到现在还影响着我们的生活。

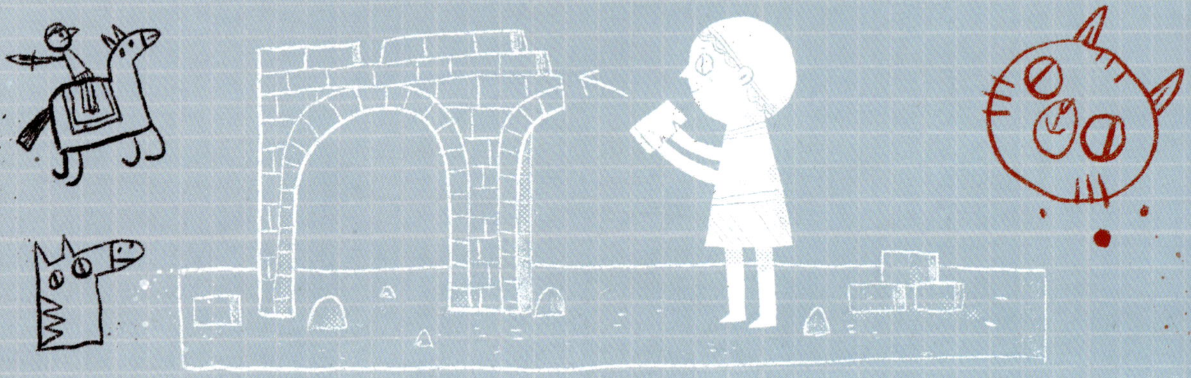

水泥

虽然听起来很没意思，但在当时，水泥可是一个非常有用的了不起的发明。古罗马人用水泥修建了公路、桥梁和沟渠（更多信息，详见第43页），扩大了罗马帝国的版图。有很多当时修建的东西直到今天还在使用。

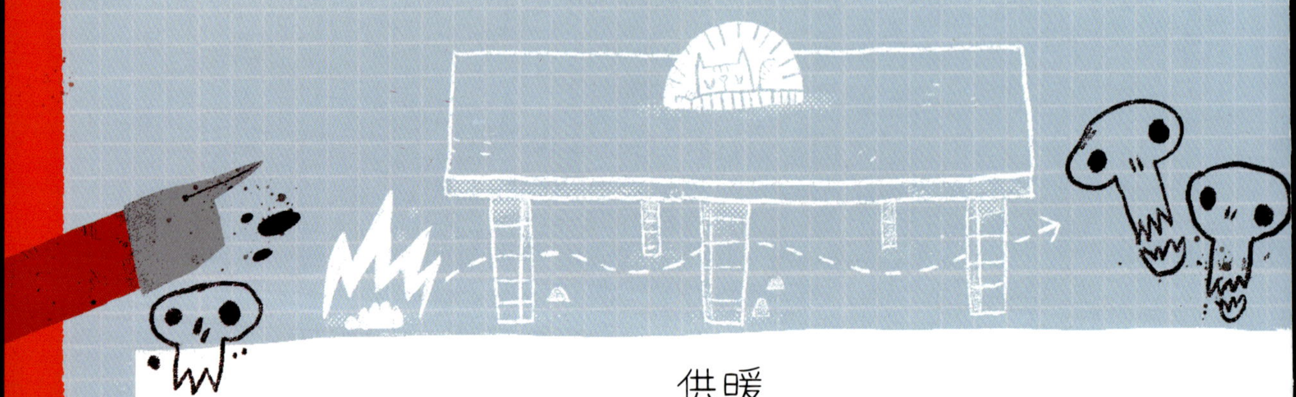

供暖

这个工作是由奴隶们来做的。奴隶们在地板下生火，并让火一直燃烧。这样，热量就可以在地板下面散播开来，然后进入墙体之间，让住在楼上的富人们感到温暖舒适。

历法

我们今天所了解的历法是恺撒发明的。之前的历法都是混乱的，神官们会根据自己的喜好随意增加或减少月份。这种做法很荒谬，没人知道自己的生日到底是哪天。恺撒参考了埃及的历法并进行了改造，推出自己的历法。在恺撒的历法里，每年有 365 天，跟现在一样。

石弩

这种威力强大的弩原来是古希腊人发明的，但是古罗马人在此基础上进行了改进，使其更有杀伤力。最大的石弩可以把石头和箭射出 1000 米远，能摧毁敌军和建筑物。赶紧逃命吧！

古罗马人经常打仗，所以军队建立了最早的医院，那里有经过训练的护士，负责处理伤病。医生们能够进行骨折修复、截肢和割除肿瘤等手术。但是，因为没有麻醉药物，很多手术做起来非常痛苦，有些甚至无法完成！

尽管古罗马人比前人更了解人体知识，但他们仍不知道疾病的真正原因，只是归因于诅咒、神灵发怒或巫术。如果你生病了，医生会给你一些草药或干脆让你洗澡。

由于营养不良、生活条件差，古罗马人的寿命都不是很长。能够活到10岁以上的人就算是幸运儿了，如果能活到35岁，就更难得了。现在，人们的平均寿命是71岁！你看这变化有多大！

起初，古罗马人不是只信仰一个神，而是很多个！不管是打仗时的勇气、更多的钱，还是一双新鞋，他们想要得到什么，就会祭祀与之有关的神。

如果有人把他们吃饭的钱偷走了，或者把他们的发型剪坏了，他们就可以给神写信，在诅咒牌上写下那些人所干的坏事。诅咒牌是用铅或其他金属做的薄板，可以卷起来，扔到神庙的圣池里。人们希望神能够读到上面的内容，惩罚那些做了坏事的人。

后来，古罗马人开始信仰基督教。在第36和37页，我们可以了解更多相关信息。

古罗马人原来信仰几百个神，有的来自古希腊，有的来自古埃及。每个神都掌管着日常生活中的某一个领域。其中最重要的神有：

尼普顿
（海神）
朱庇特
（天神）
朱诺
（天后）
维纳斯
（美神）

你有没有发现，有些神的名字跟一些行星的英文名是一样的？实际上，除了地球之外，所有太阳系行星的英文名都是以罗马众神的名字命名的。木星（Jupiter）、土星（Saturn）、火星（Mars）、金星（Venus）和水星（Mercury）的英文名字在几千年前就被起好了。即使不用望远镜，古罗马人也可以看到这些行星，你也不妨试一下！

狄安娜
（狩猎之神）
墨丘利
（旅行者和小偷之神）
巴克斯
（酒神和宴会之神）
马尔斯
（战神）

在古罗马，很长一段时间内，信仰神之外的事物是违法的。尽管如此，基督教很快就流行起来。基督徒认为，如果你为人正直，你就会进入天堂。而在其他的罗马宗教里，只有神才能住在天堂里，普通人将会进入地狱，这听起来就不太妙。

公元313年，罗马皇帝君士坦丁一世做了个梦。当时正值一场战争的前夜，他压力很大，不知道如何才能打败人数是己方两倍的敌人。

梦里有个声音告诉他，如果他能佩戴基督教的十字架出战，他就能够获胜。

第二天早上，他让士兵们在盾牌上涂上基督教的十字架标志，他们竟然奇迹般地轻松获胜了！太神奇了！君士坦丁统治罗马以后就承认基督教为合法的宗教。

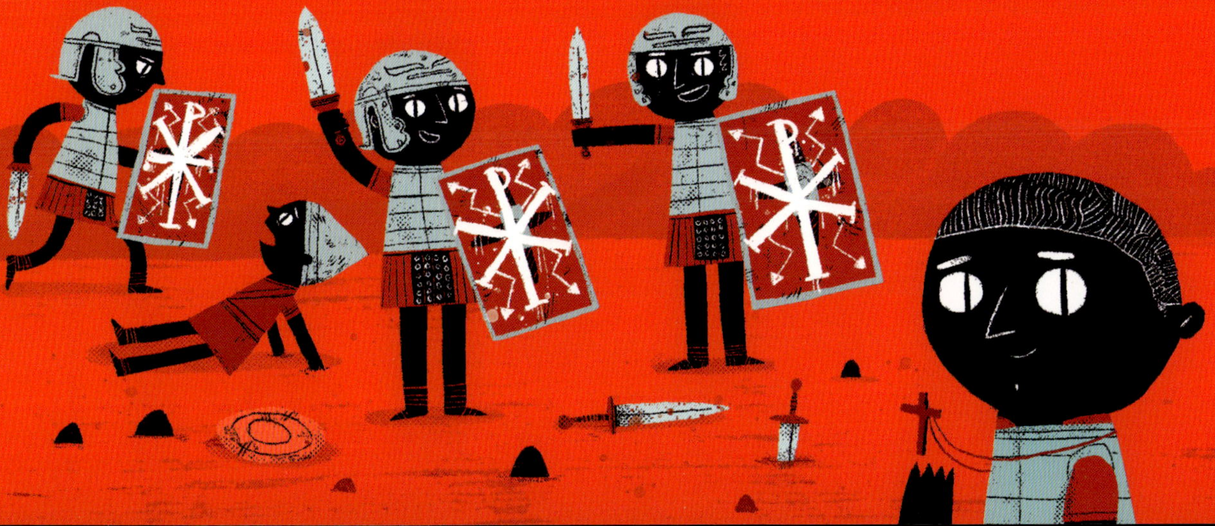

我们对古罗马人物的了解都来自绘画、雕塑和马赛克。

有钱的罗马人会在他们家周围摆放一些半身像，来展示他们祖先的模样。半身像是一种只有脑袋和肩膀的人体雕塑。

罗马皇帝会让人们按照他们的样子制作雕塑，摆在城市里，提醒人们谁才是这里的统治者。

马赛克是一种用小的彩色玻璃片拼成的画。有时会用几千片小玻璃片组成一幅画或图案。古罗马人可真悠闲啊！

在宗教仪式、宴会和角斗士比赛时往往会演奏音乐。因为古罗马人没有制作唱片，所以我们无法知道他们的音乐是什么样的，不过可以想象一下，一定会很有趣。他们使用的乐器有排箫、笛子、喇叭和铜钹。好热闹啊！

在古罗马，有一种流行的娱乐方式是去剧院看戏。大多数的戏剧是喜剧，也有一些悲剧。票都是免费的，但一票难求。

戏剧通常会演几个小时，演员们在舞台中央跳来跳去，大喊大叫，逗观众们开心。他们经常戴着不同表情的面具，帮助观众更好地了解剧情。

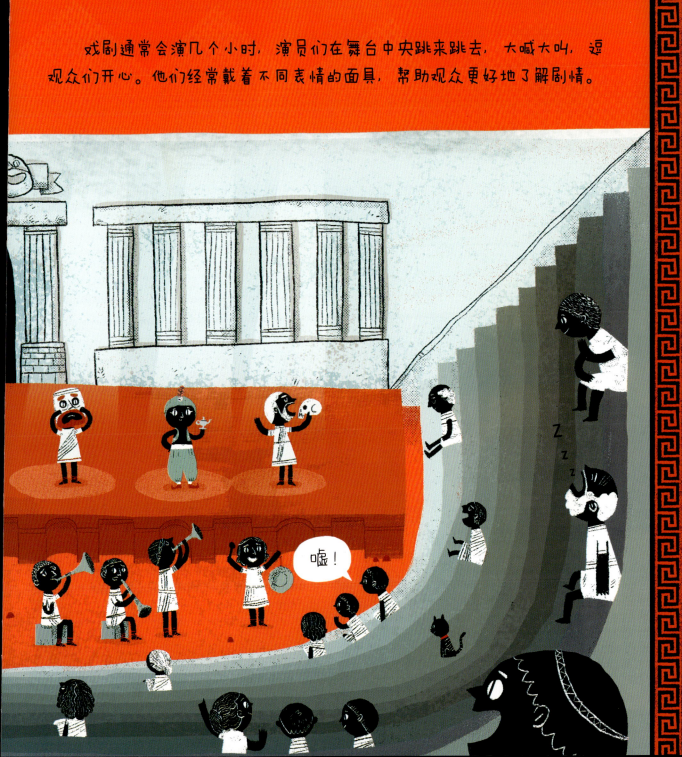

古罗马人都是建筑大师，他们用石头、砖块、大理石和水泥建造建筑。他们还发明了穹顶结构。他们在建筑中所发明的一些技巧，直到现在看来也是很了不起的！太壮观了！

伙计们，快点！还有 620 公里就修完了！

古罗马人还是了不起的工程师，除了公路和桥梁，他们还修建了沟渠，向城市供水。

沟渠看起来就像很多拱门组成的大桥。上面的水渠可以分流，水有的用来饮用，有的用来冲厕所，有的用来灌溉。他们真是太聪明了！

古罗马人的家里没有浴室和洗澡间，但是每个城市都有公共浴池，人们可以去那里洗澡。想象一下，如果很多人挤在一起洗澡，是不是很尴尬！好在男人和女人是在不同的时间洗澡，这样就不会不好意思了！

到公共浴池洗澡都是免费的，所以穷人也可以来洗。洗澡的时候，人们可以谈生意，聊一聊疯狂的皇帝，甚至还有人偷别人的东西！

那个时候还没有发明香皂，人们都用橄榄油来清洁身体。用一根小木棍蘸着橄榄油在身上来回地擦，是不是很好玩啊？

古罗马人喜欢赛战车。战车是一种小的两轮马车，由两匹或四匹马拉着，一个人驾车。早期，战车赛都是在大街上举行，但这对赛车手和行人来说太危险了，因此罗马人建造了竞技场。

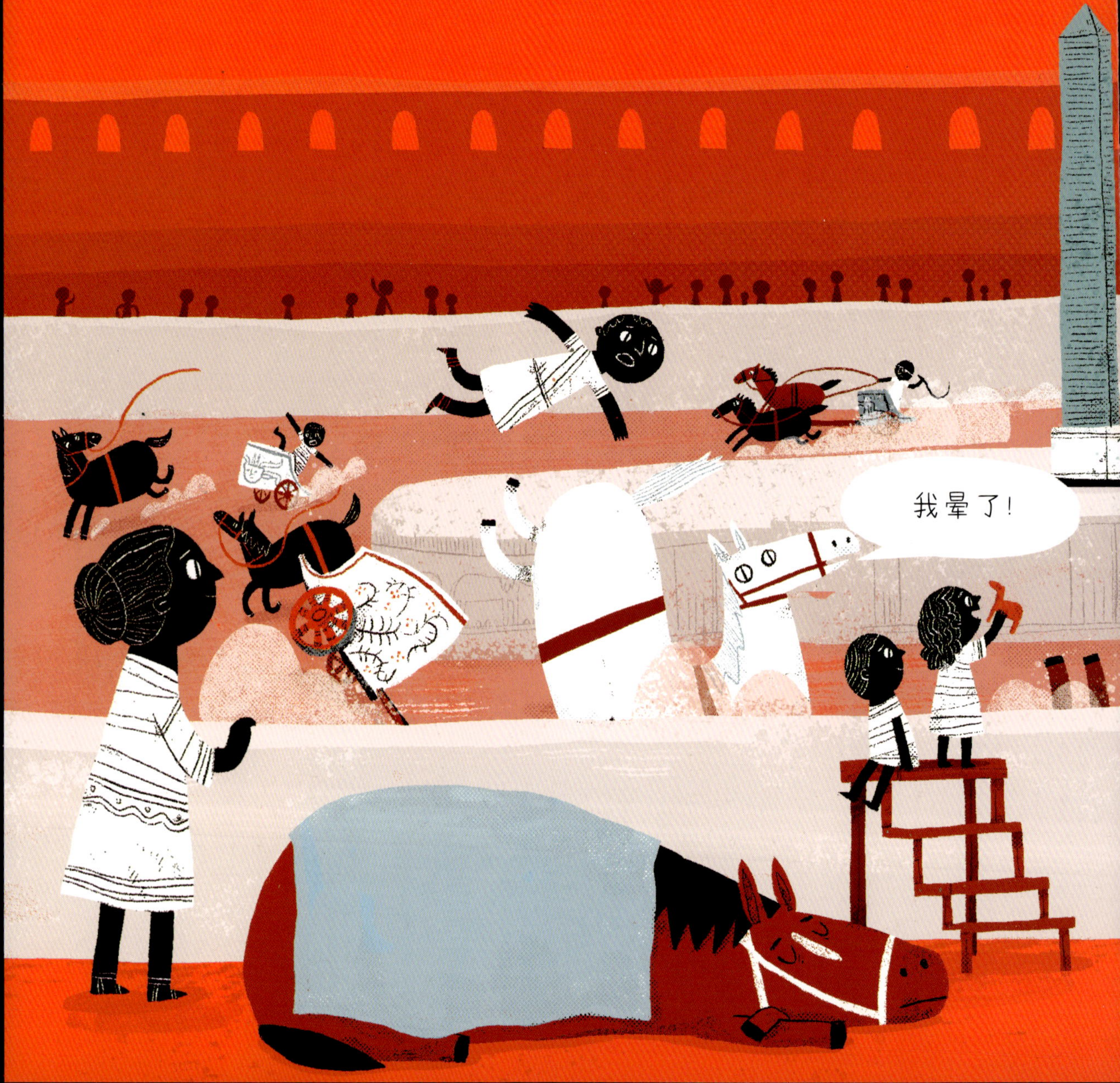

最大最好的竞技场是位于现在意大利首都罗马的“马克西姆竞技场”。在25万名观众的注视下，赛车手们在七条赛道上你追我赶，策马奔驰。只有最好的赛车手才能在这个竞技场比赛，被视为至高无上的荣耀。

古罗马人喜欢的另一个运动项目是角斗士格斗。因为这个项目太受欢迎了，罗马人不得不修建一些大型竞技场来容纳大量的观众。其中最大的最著名的，是位于意大利罗马的圆形竞技场，也叫斗兽场，公元80年投入使用。

圆形竞技场能容纳5万名观众，而且是免费开放的。赛事都是皇帝或其他重要人物赞助的，以此来赢得人民的爱戴。有时，他们还会给观众提供食物。太棒了！

角斗士比赛非常有吸引力！竞技场里，在观众的欢呼声中，角斗士们会一直战斗到死，观众会觉得这既刺激又有趣！奴隶们被送到训练营，在那里接受角斗训练，直到能够上场。

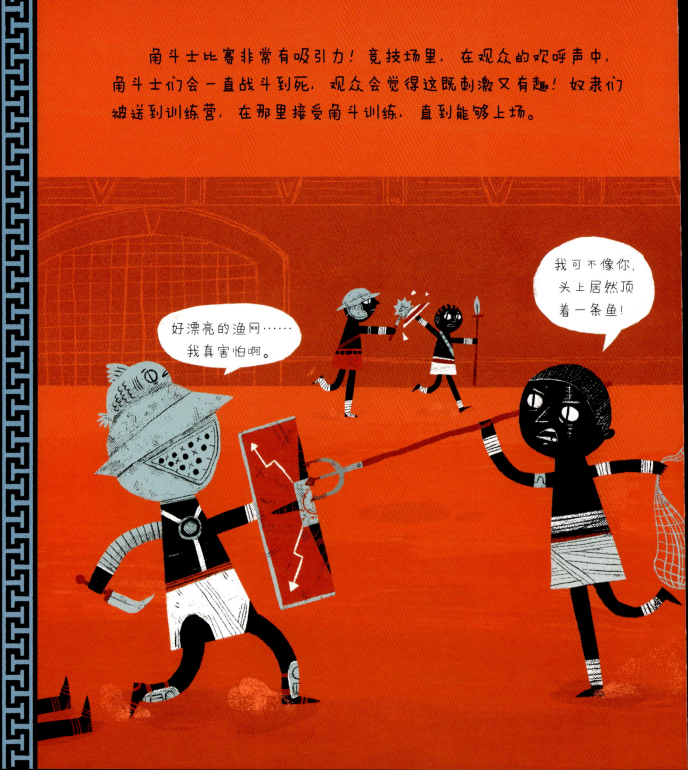

角斗士的训练是很残酷的，可是如果他们达不到要求，受到的惩罚会更残酷。既然这样，他们为什么还心甘情愿地参加比赛呢？原来，有些奴隶想通过这种方式赚钱，攒够钱了就可以赎身，让自己获得自由！他们当时要是发明了《罗马达人秀》节目就好了！

在比赛开始前，先是浩大的游行，然后表演一些轻松愉快的节目，比如马戏、杂技，甚至还有耍猴和大象表演。接下来是动物搏斗和人兽搏斗，气氛变得越来越紧张。

下午的时候进行角斗士比赛。角斗士分为不同的类型：有的全副武装，拿着盾牌，戴着头盔，但是有的角斗士没有任何保护措施，只拿着一根很长的三叉戟。

莫米罗角斗士
渔斗士
海斗士
色雷斯角斗士
持盾角斗士

如果一个角斗士打败了他的对手，他就停止战斗，举起手。皇帝会征求观众的意见：放过失败者，还是杀掉他？聪明的皇帝会听从观众的意见，如果不这么做，观众就会闹事。

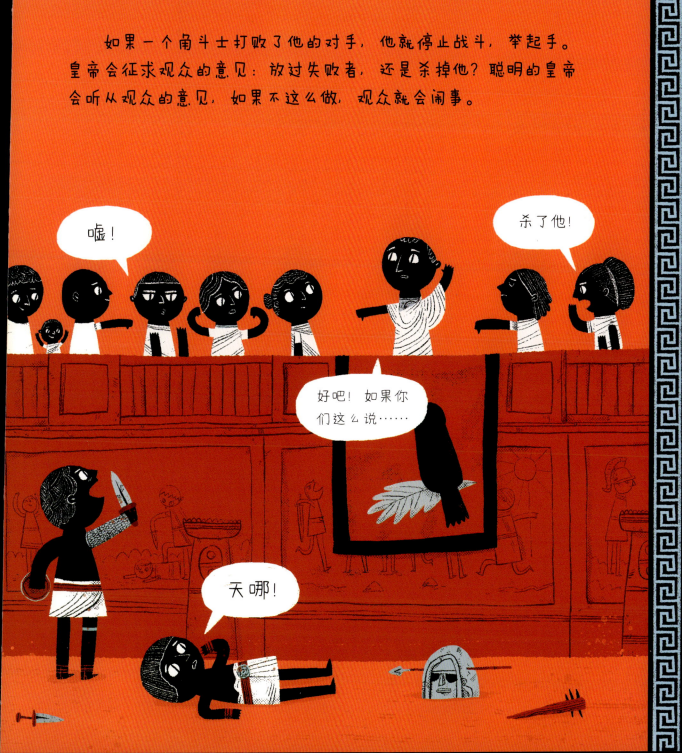

罗马帝国在395年分裂为东、西两部分。西罗马帝国存在了大约500多年。帝国越大，统治者们就越难掌控整个国家。皇帝们变得越来越自私、懒散，帝国的军队也疲惫不堪。连续不断的战争让这个国家筋疲力尽，变得摇摇欲坠。

困死了！既然
这个国家已经完蛋
了，我是不是可以
好好睡一觉了？

最后一个皇帝叫罗慕路斯·奥古斯都。公元476年，他的统治被推翻，取而代之的是一个叫弗莱维厄斯·奥多亚克的日耳曼王子。罗慕路斯被当众羞辱，人们给他起了个外号叫“小皇帝”。日耳曼人占领了罗马，意大利以外的领土也被其他日耳曼王国瓜分。罗马帝国灭亡了！

今天的罗马是一个繁华的现代化城市，也是世界上最受欢迎的旅游胜地之一。城里有几千年前的古迹，到处可以看到以前的神庙、别墅和石柱，你也能看到圆形竞技场的遗址。这里还有世界上最好吃的冰激凌！

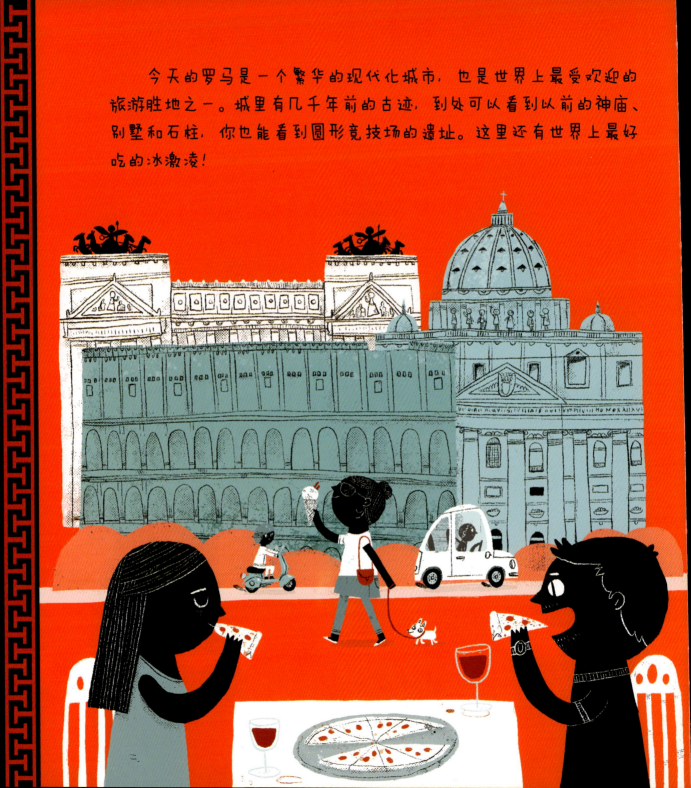

罗马帝国太大了，太富有了！在欧洲，到处可以看到它的财富和遗址。在意大利维苏威火山附近，你可以看到被火山灰保存下来的庞贝古城。在英国的巴斯，你可以看到古罗马遗留下来的浴池，这也是当今保存最完好的浴池之一。在世界各地的博物馆里，还有许多工艺品，能让我们感受到当年那个灿烂多姿的文明。

公元前 753 年
传说双胞胎兄弟罗慕路斯和雷姆斯建立了罗马城。

公元前 509 年
古罗马成立了一个由一些贵族统治的共和国。

公元前 264—公元前 146 年
古罗马和迦太基厮杀了 100 多年。

公元前 27 年
奥古斯都成为古罗马的第一位皇帝。

公元 43 年
古罗马入侵不列颠。

公元 80 年
圆形竞技场（斗兽场）在罗马开放。

公元前51年
恺撒元帅征服高卢（今天的法国）。

公元前45年
恺撒成为罗马执政官，一年后去世。

公元306年
君士坦丁一世成为罗马皇帝。

公元476年
日耳曼军队攻入罗马，西罗马帝国灭亡。